# LA
# BERGÈRE
## D'IVRY,

### ALMANACH CHANTANT

#### POUR LA PRÉSENTE ANNÉE.

## PARIS,

Chez STAHL, Imprimeur-Libraire,

quai des Augustins, n° 9.

# LA BERGÈRE D'IVRY.

*Relation de la mort tragique d'*Aimée *MILLOT, assassinée le 27 mai 1827, sur le boulevard des Gobelins, par* ULBACH *, son amant.*

Air : Éléonore au fond d'un verd bocage.

Sur la vertu, quand on répand
des larmes,
L'air est frappé par ce lugubre cri :
De la beauté pleurons aussi les
charmes;
Elle n'est plus la bergère d'Ivry.

Je crois la voir au sein des frais
 bocages,
Paître en chantant le plus joli trou-
 peau,
Quand l'innocence au front ceint de
 feuillages,
Siégeait près d'elle à l'ombre d'un
 ormeau.

De la vertu, c'est dans la ligne
 austère
Que de ses jours s'éteignit le flam-
 beau :
Un crime affreux l'a ravie à la terre
Dont elle était l'ornement le plus
 beau.

En vain, par fois, sa compagne
 plaintive
Semblait gémir sur son funeste sort ;
D'une onde impure (*) en cotoyant
 la rive,
Elle devait y rencontrer la mort.

 (*) L'onde empoisonnée de la pe-
tite rivière de Bièvre, dite des Gobelins.

Ulbach, séduit par les charmes
d'Aimée,
Lui fit l'aveu du plus ardent amour;
A cet aveu la bergère alarmée
Vit de son cœur la paix fuir sans
retour.

L'aveu d'Ulbach lui paraissait sin-
cère,
Plein de franchise et conforme à
l honneur;
Elle n'eut point la force nécessaire
Pour résister et défendre son cœur.

Assez long-temps ces deux amans
s'aimèrent
Avec l'espoir de s'unir par l'hymen;
Mais des soupçons tout à coup pré-
parèrent
A leurs beaux jours un affreux len-
demain.

La belle Aimée avait une patrone
Très susceptible en des momens
pareils;

De la raison que souvent l'âge donne,
A sa bergère elle offrit les conseils.

La jeune amante, incertaine,
    éplorée,
Mais du devoir n'écoutant que la loi,
A son amant, dans la même soirée,
Dit qu'il ne doit plus compter sur
    sa foi.

A cet arrêt, l'horrible jalousie,
Au cœur d'Ulbach répandnat son
    poison,
Le transporta de cette frénésie
Qui lui fit perdre à l'instant la
    raison.

Des passions le violent orage
S'accroît toujours, rien ne peut le
    calmer :
Ulbach se livre aux accès de sa rage !
D'un fer sanglant l'enfer vient de
    l'armer.

Le seul instinct d'un animal fé-
roce
Conduit le bras de cet amant jaloux;
Dans les transports de sa fureur
atroce,
La belle Aimée expire sous ses coups.

Tel fut le sort de la tendre ber-
gère
Que sa vertu rend digne de nos
pleurs ;
De son tombeau sur la mousse légère,
Déposons tous des couronnes de fleurs.

Des jeunes vierges (*) dont elle
eut l'estime ;
De la vertu reconnaissant les droits,

(*) Des Demoiselles du faubourg
St.-Marceau, ont fait élever une
croix à l'endroit où la bergère est
morte, et chaque jour on vient y
jeter des fleurs et déposer des couronnes.

Sur le lieu même où périt la victime,
Pour l'honorer élèvent une croix.

Voyant partout l'ombre de son
amante,
Qui le poursuit, qui le remplit
d'effroi !
Ulbach, saisi d'horreur et d'épou-
vante,
Se met lui-même au pouvoir de la loi.

Aux passions malheur à qui se livre;
Il est un Dieu qui punit les forfaits !
Un grand coupable en paix ne peut
plus vivre;
A ses remords il n'échappe jamais.

**P. C.**

# LE BON PASTEUR.

AIR :

Bons habitans du village,
Prêtez l'oreille un moment,
Ma morale douce et sage
Est toute de sentiment ;
Vous saurez bien me comprendre,
C'est mon cœur qui parlera ;
Quand vous pourrez, venez m'en-
tendre,
Et le Bon Dieu vous bénira.

Aux vignes dans les vendanges,
Aux champs, dans les moissons,
De Dieu chantez les louanges,
Il sourit à vos chansons ;
Quand le plaisir dans la plaine,
Le soir vous appellera,
Dansez gaîment sous le vieux chêne,
Et le Bon Dieu vous bénira.

De vos gerbes si nombreuses,
Pour moi ne détachez rien.
Vos familles sont heureuses,
Leur bonheur suffit au mien;
Ménagez votre abondance
Pour celui qui pâtira;
Payez la dîme à l'indigence,
Et le Bon Dieu vous bénira.

Un soldat, que le froid glace,
Le soir, vient-il, à pas lents,
Vous demander une place
Près de vos foyers brûlans,
Sans connaître la bannière
Sous laquelle il s'illustra,
Ouvrez pour lui votre chaumière,
Et le Bon Dieu vous bénira.

La terre que j'ai perdue
Ne me laisse aucuns regrets,
Si par vous, elle est rendue
A ceux que je secourais,

Que votre main peu soigneuse,
Pour la veuve qui survivra
Laisse l'épie à la glaneuse,
Et le Bon Dieu vous bénira.

Loin des cendres de sa mère,
Chez vous un pauvre exilé
Dévorait sa peine amère ;
Dieu vers lui l'a rappelé ;
Qu'importe si sa prière
De la vôtre différa,
Priez pour lui, c'est votre frère :
Et le Bon Dieu vous bénira.

# BARCAROLLE DE MARIE,

*Chantée par madame Boulan-*
*ger et M. Féréal, au théâ-*
*tre de Feydeau.*

Batelier, dit Lisette,
Je voudrais passer l'eau ;
Mais je suis bien pauvrette
Pour passer le bâteau.
Colin dit à la belle :
Venez, venez toujours,          ( *bis.* )
Et vogue la nacelle
Qui porte mes amours. ( 3 *fois bis.*)

Je m'en vais chez mon père,
Dit Lisette à Colin.
Eh bien ! crois-tu, ma chère,
Qu'il m'accorde ta main ?

Ah ! répondit la belle ,
Osez , osez toujours.                    ( *bis.*
Et vogue la nacelle
Qui porte mes amours.          ( 2 *bis.* )

Après son mariage ,
Toujours dans son bâteau ,
Colin fut le plus sage
Des maris du hameau ;
A sa chanson fidêle ,
Il répéta toujours :                    ( *bis.*)
Et vogue la nacelle
Qui porte mes amours.          ( *bis.*)

---

# LA LAMPE MERVEILLEUSE.

Pour noble princesse
Un pauvre pêcheur
Porte dans son cœur
Amoureuse ivresse ;

Espoir de retour
Ne peut le séduire,
Pourtant il soupire
La nuit et le jour.

Vers ces lieux s'avance
Un grand souverain,
Et tu dois demain
Etre en sa présence,
Là , à mon amour
Je te vois ravie ;
Ah ! c'est de ma vie
Le dernier beau jour.

Noble souveraine,
Tu vois mon tourment.
Parais un moment
Pour calmer ma peine ;
Donne à mon amour
Un léger sourire ,
Que je puisse dire
Encore un beau jour.

# CALENDRIER
## GRÉGORIEN
### POUR L'AN DE GRACE
### M DCCC XXVIII (1828),

AVEC

## LES DÉPARTS ET ARRIVÉES

DES COCHES DE LA HAUTE-SEINE.

## A PARIS,

STAHL, Imprimeur-Libraire,
Quai des Augustins, n⁰ 9,
Près le pont Saint-Michel.

# FÊTES MOBILES, POUR 1828.

Septuagésime, le 3 février.
Cendres, le 20 février.
Pâques, le 6 avril.
Rogations, les 12, 13 et 14 mai.
L'Ascension, le 15 mai.
Pentecôte, le 25 mai.
Trinité, le 1er juin.
Fête-Dieu, le 5 juin.
Toussaint, le 1 novembre.
L'Avent, le 30 novembre.
Noël, le 25 décembre.

## QUATRE-TEMS.

Février, 27, 29 et premier mars.
Mai, 28, 30 et 31.
Septembre 17, 19 et 20.
Décembre, 17, 19 et 20.

## SAISONS.

Le Printems, le 20 mars.
L'Été, le 21 juin.
L'Automne, le 22 septembre.
L'Hyver, le 21 décembre.

## COMPUT ECCLÉSIASTIQUE.

Nombre d'Or. 5. — Cycle solaire 17.
Épact. XIV. — Indiction rom. 1.
Lettre dominicale . . . . . . . FE.

# SIGNES DU ZODIAQUE.

♈ Bélier.
♉ Taureau.
♊ Gémeaux.
♋ L'Ecrevisse.
♌ Le Lion.
♍ La Vierge
♎ La Balance.
♏ Le Scorpion.
♐ Le Sagittaire.
♑ Le Capricorne.
♒ Le Verseau.
♓ Les Poissons.

## ECLIPSES.

Le 14 avril, éclipse de soleil, invisible à Paris; conjection à 9 h. 27 m. 3 s. du matin.

Le 9 octobre, éclipse de soleil, invisible à Paris; conjonction à 0 h. 27 m. 34 s. du matin.

# JANVIER, le verseau. ≈

| Le soleil entre dans le verseau, le 20 à 12 h. 5 min. | | i de C | Phas. de la lune. | Midi vrai h m |
|---|---|---|---|---|
| 1 | mar | circoncision | 14 | | o. 3 |
| 2 | mer | s basile | 15 | | o 4 |
| 3 | jeu | ste genevieve | 16 | | o 4 |
| 4 | ven | s rigobert | 17 | | o 4 |
| 5 | sam | s siméon v.-j. | 18 | P. L. | o 5 |
| 6 | D | épiphanie | 19 | le 2 a | o 5 |
| 7 | lun | s théau | 20 | 6 h 5 | o 6 |
| 8 | mar | s lucien | 21 | | o 6 |
| 9 | mer | s furcy | 22 | | o 7 |
| 10 | jeu | s paul ermite | 23 | | o 7 |
| 11 | ven | s théodose | 24 | D. Q. | o 8 |
| 12 | sam | s ferjus | 25 | | o 8 |
| 13 | 1 D | bapteme de n s | 26 | le 10 a | o 8 |
| 14 | lun | s hilaire | 27 | 7 h 25 | o 9 |
| 15 | mar | s maur abbé | 28 | | o 9 |
| 16 | mer | s guillaume | 29 | | o 9 |
| 17 | jeu | s antoine abbé | 1 | | o 10 |
| 18 | ven | chaire s pierre à r | 2 | N. L | o 10 |
| 19 | sam | s sulpice | 3 | le 17 a | o 10 |
| 20 | 2 D | s sébastien | 4 | o h 33 | o 11 |
| 21 | lun | ste agnès | 5 | | o 11 |
| 22 | mar | s vincent | 6 | | o 11 |
| 23 | mer | s ildefonse | 7 | | o 12 |
| 24 | jeu | s babilas | 8 | P. Q. | o 12 |
| 25 | ven | conv de s p | 9 | le 23 a | o 12 |
| 26 | sam | s polycarpe | 10 | 8 h 54 | o 12 |
| 27 | 3 D | s julien | 11 | | o 12 |
| 28 | lun | s charlemagne | 12 | | o 13 |
| 29 | mar | s françois de s | 13 | | o 13 |
| 30 | mer | ste baltide | 14 | | o 13 |
| 31 | eu | s marcelle | 15 | | o 13 |

# FÉVRIER, les poisssons. )(

| Le soleil entre dans les poissons, le :9 à 2 h. 46 m. | | | de ☉ | Phas. de la lune. | Midi vrai. h m |
|---|---|---|---|---|---|
| 1 | ven | s ignace | 16 | | ☉ 13 |
| 2 | sam | purification. | 17 | | 0 13 |
| 3 | D | septuag. s blaise | 18 | | 0 14 |
| 4 | lun | s philéas | 19 | | 0 14 |
| 5 | mar | s agathe | 28 | P. L. | 0 14 |
| 6 | mer | s dorothée | 21 | | 0 14 |
| 7 | jeu | s romuald | 22 | le 1 a | 0 14 |
| 8 | ven | s Jean de M. | 23 | 1 h 13 | 0 14 |
| 9 | sam | ste appoline | 24 | | 0 14 |
| 10 | D | sexagés. ste schol. | 25 | | 0 14 |
| 11 | lun | s séverin | 26 | | 0 14 |
| 12 | mar | ste eulalie | 27 | D. Q. | 0 14 |
| 13 | mer | s lezin | 28 | le 8 a | 0 14 |
| 14 | jeu | s valentin | 29 | 1 h 4 | 0 14 |
| 15 | ven | s faustin | 1 | | 0 14 |
| 16 | sam | s julie | 2 | | 0 14 |
| 17 | D | quinquages. s silv | 3 | | 0 14 |
| 18 | lun | siméon | 4 | N. L. | 0 14 |
| 19 | mar | s gabin | 5 | le 15 a | 0 14 |
| 20 | mer | s eucher} cendres | 6 | 10 h 54 | 0 14 |
| 21 | jeu | s pépin | 7 | | 0 14 |
| 22 | ven | s damien | 8 | | 13 |
| 23 | sam | s pierre d. | 9 | | 0 13 |
| 24 | 1 D | quadrages. s math. | 10 | P. Q. | 0 13 |
| 25 | lun | s mathias | 11 | le 22 a | 0 13 |
| 26 | mar | s alexandre | 12 | 2 h 48 | 0 13 |
| 27 | mer | ste collette 4 t. | 13 | | 0 13 |
| 28 | jeu | s romain | 14 | | 0 12 |
| 29 | ven | se henorine | 15 | | 0 12 |

# MARS, le bélier. ♈

| | | | Phas.<br>de la<br>lune. | Midi<br>vrai.<br>*h m* |
|---|---|---|---|---|
| Le soleil entre dans le bélier, le 20, à 2 h. 57 m. | | | | |
| 1 | sam | s aubin évêque | 16 | 0 12 |
| 2 | 2 *D* | reminisc. s simpl. | 17 | 0 12 |
| 3 | lun | ste cunegonde | 18 | 0 12 |
| 4 | mar | s casimir | 19 | P. L. 0 11 |
| 5 | mer | s drausin | 20 | le 1 a 0 11 |
| 6 | jeu | s porpyre. | 21 | 7 h 1 0 11 |
| 7 | ven | s thomas | 22 | 0 11 |
| 8 | sam | s jean de dieu | 23 | 0 10 |
| 9 | 3 *D* | oculi se françoise | 24 | 0 10 |
| 10 | lun | s blanchard | 25 | D. Q. 0 10 |
| 11 | mar | 40 Martirs | 26 | le 9 a 0 10 |
| 12 | mer | s pôl. évéq. | 27 | 5 h 27 0 9 |
| 13 | jeu | ste euphrasie | 28 | 0 9 |
| 14 | ven | s lubin | 29 | 0 9 |
| 15 | sam | l longin | 30 | 0 9 |
| 16 | 4 *D* | lœtare. s cyriaque | 1 | N. L. 0 8 |
| 17 | lun | ste gertrude | 2 | le 15 a 0 8 |
| 18 | mar | s alexandre | 3 | 9 h 47 0 8 |
| 19 | mer | s Joseph | 4 | 0 7 |
| 20 | jeu | s joachim | 5 | 0 7 |
| 21 | ven | s benoît | 6 | 0 7 |
| 22 | sam | s lée | 7 | 0 6 |
| 23 | *D* | passion s eusèbe | 8 | P. Q. 0 6 |
| 24 | lun | s gabriel | 9 | le 23 a 0 6 |
| 25 | mar | annonciation | 10 | 10 h 11 0 6 |
| 26 | mer | s ludger | 11 | 0 5 |
| 27 | jeu | s rupert | 12 | 0 5 |
| 28 | ven | s gontran | 13 | 0 5 |
| 29 | ssn | s eustase | 14 | P. L. 0 4 |
| 30 | *D* | rameaux s rieule | 15 | le 31 a 0 4 |
| 31 | lun | ste balbine | 16 | 10 h. 28 0 4 |

# AVRIL, le taureau. ♉

| Le soleil entre dans le taureau, le 19 à 15 h. 23 min. | ♋ de ⊙ | Phas. de la lune. | Midi vrai. m h |
|---|---|---|---|
| 1 mar s hugues | 17 | | 0 3 |
| 2 mer s françois | 18 | | 0 3 |
| 3 jeu s richard év | 19 | D. ☾ Q. | 0 3 |
| 4 ven vendredi saint | 20 | le 7 a | 0 3 |
| 5 sam s Vincent | 12 | 0 h 16 | 0 2 |
| 6 D PAQUES | 22 | | 0 2 |
| 7 lun s égésipe | 23 | | 0 2 |
| 8 mar s gauthier | 24 | | 0 1 |
| 9 mer ste marie égyp | 25 | | 0 1 |
| 10 jeu s macaire | 26 | | 0 1 |
| 11 ven s léon, pape | 27 | N. L. | 0 1 |
| 12 sam s jules pape | 28 | le 14 7 | 0 0 |
| 13 1 D quasimodo | 29 | 9 h 2 | 0 0 |
| 14 lun s tiburce | 1 | | 0 0 |
| 15 mar ste heléne | 2 | | 11 59 |
| 16 mer s fructueux | 3 | | 11 59 |
| 17 jeu s parfait | 4 | | 11 59 |
| 18 ven s anicet | 5 | P. ☽ Q. | 11 59 |
| 19 sam s elphège | 6 | le 22 à | 11 59 |
| 20 2 D s hildegonde | 7 | 5 h 28 | 11 58 |
| 21 lun s anselme | 8 | | 11 58 |
| 22 mar ste opportune | 9 | | 11 58 |
| 23 mer s georges | 10 | | 11 58 |
| 24 jeu s léger | 11 | | 11 58 |
| 25 ven s marc | 12 | | 11 57 |
| 26 sam s clet | 13 | P. L. | 11 57 |
| 27 3 D s policarpe | 14 | le 29 a | 11 57 |
| 28 lun s vital | 15 | 10 h 54 | 11 57 |
| 29 mar s robert | 16 | | 11 57 |
| 30 mer s eutrope | 17 | | 11 57 |

# MAI, les gémeaux. ♊

| Le soleil entre dans les gémeaux, le 20 à 15h. 43 m. | | | | Phas. de la lune. | Midi vrai. h m |
|---|---|---|---|---|---|
| 1 | jeu | s jacq. s. phil. | 18 | | 11 56 |
| 2 | ven | s athanase | 19 | | 11 56 |
| 3 | sam | inv ste croix | 20 | ☾ | 11 56 |
| 4 | 4 *D* | ste monique | 21 | D. Q | 11 56 |
| 5 | lun | con. s. aug. | 22 | le 6 a | 11 56 |
| 6 | mar | s jean p latin | 23 | 5 h 42 | 11 56 |
| 7 | mer | s stanislas | 24 | | 11 56 |
| 8 | jeu | s désiré | 25 | | 11 56 |
| 9 | ven | ste agathe | 26 | | 11 56 |
| 10 | sam | s gordien | 27 | | 11 56 |
| 11 | 5 *D* | s mamert | 28 | ☉ | 11 56 |
| 12 | lun | rogat. s nérée | 29 | N. L. | 11 56 |
| 13 | mar | s servais | 30 | le 13 a | 11 56 |
| 14 | mer | s pacôme | 1 | 9 h 59 | 11 56 |
| 15 | jeu | ASCENSION | 2 | | 11 56 |
| 16 | ven | s honoré | 3 | | 11 56 |
| 17 | sam | s pascal | 4 | | 11 56 |
| 18 | 6 *D* | s éric | 5 | | 11 56 |
| 19 | lun | s yves | 6 | P. Q | 11 56 |
| 20 | mar | s bernard | 7 | le 21 a | 11 56 |
| 21 | mer | s hospice. | 8 | 11 h 20 | 11 56 |
| 22 | jeu | s didier | 9 | | 11 56 |
| 23 | ven | s urbain | 10 | | 11 56 |
| 24 | sam | s donatien | 11 | | 11 56 |
| 25 | *D* | PENTECOTE | 12 | | 11 56 |
| 26 | lun | s philippe | 13 | P. L. | 11 56 |
| 27 | mar | jean pape | 14 | le 29 a | 11 56 |
| 28 | mer | s germain 4 t. | 15 | 8 h 26 | 11 56 |
| 29 | jeu | s maximin | 16 | | 11 57 |
| 30 | ven | s hubert | 17 | | 11 57 |
| 31 | sam | ste pétronille | 18 | | 11 57 |

# JUIN, l'écrevisse. ♋

| Le soleil entre dans l'écrevisse, le 21 à o h. 18 min. | | | ♋ | Phas. de la lune. | Midi vrai $h'\ m$ |
|---|---|---|---|---|---|
| 1 | 1 *D* | la trinité | 19 | | 11 57 |
| 2 | lun | s pamphile | 20 | | 11 57 |
| 3 | mar | ste clotilde | 21 | D. Q. | 11 57 |
| 4 | mer | s quirin | 22 | | 11 57 |
| 5 | jeu | fête dieu | 23 | le 4 a | 11 58 |
| 6 | ven | s claude. | 24 | 11 h 12 | 11 58 |
| 7 | sam | s meriadec | 25 | | 11 58 |
| 8 | 2 *D* | s médard | 26 | | 11 58 |
| 9 | lun | s Liboire | 27 | | 11 58 |
| 10 | mar | s landri, év. | 28 | | 11 59 |
| 11 | mer | s barnabé | 29 | N. L. | 11 59 |
| 12 | jeu | oct. F-D. | 1 | | 11 59 |
| 13 | ven | s. ant. de P | 2 | le 12 à | 11 59 |
| 14 | sam | s rufin | 3 | 11 h 22 | 11 59 |
| 15 | 3 *D* | s guy | 4 | | 0 0 |
| 16 | lun | s fargeau | 5 | | 0 0 |
| 17 | mar | s avit, abbé | 6 | | 0 0 |
| 18 | mer | ste marine | 7 | | 0 0 |
| 19 | jeu | s gervais | 8 | P. Q. | 0 0 |
| 20 | ven | s silvere | 9 | | 0 1 |
| 21 | sam | s leufroi | 10 | le 20 a | 0 1 |
| 22 | 4 *D* | s paulin | 11 | 3 h 2 | 0 1 |
| 23 | lun | s andri | 12 | | 0 1 |
| 24 | mar | s jean bap | 13 | | 0 2 |
| 25 | mer | s prosper | 14 | | 0 2 |
| 26 | jeu | s babolein | 15 | | 0 2 |
| 27 | ven | s samson | 16 | P. L. | 0 2 |
| 28 | sam | s irénée | 17 | le 27 a | 0 2 |
| 29 | 5 *D* | s pierre s paul | 18 | 3 h 52 | 0 3 |
| 30 | lun | com s paul | 19 | | 0 3 |

# JUILLET, le lion. ♌

Le soleil entre dans le lion, le 22 à 11 h. 11 min.

| | | | de ♋ | Phas. de la lune. | midi vrai. h m |
|---|---|---|---|---|---|
| 1 | mar | s martial | 20 | | 0 3 |
| 2 | mer | visitation | 21 | | 0 3 |
| 3 | jeu | s anatole | 22 | | 0 3 |
| 4 | ven | tr. s mart | 23 | D. ☾ Q. | 0 3 |
| 5 | sam | ste zoé | 24 | le 4 a | 0 4 |
| 6 | 6 d | s tranquillin | 25 | 0 h 16 | 0 4 |
| 7 | lun | ste aubierge | 26 | | 0 4 |
| 8 | mar | ste élisabeth | 27 | | 0 4 |
| 9 | mer | s cyrille év | 28 | | 0 4 |
| 10 | jeu | ste félicite | 29 | | 0 4 |
| 11 | ven | t de s benoit | 30 | | 0 5 |
| 12 | sam | s gualbert | 1 | N. ⊕ L. | 0 5 |
| 13 | 7 d | s turiaf | 2 | le 12 a | 0 5 |
| 14 | lun | s bonaventure | 3 | 1 h 39 | 0 5 |
| 15 | mar | s henri | 4 | | 0 5 |
| 16 | mer | n.-d.-du-m.-c. | 5 | | 0 5 |
| 17 | jeu | s alexis | 6 | | 0 5 |
| 18 | ven | s clair | 7 | P. ☽ Q. | 0 5 |
| 19 | sam | s vincent | 8 | le 20 a | 0 5 |
| 20 | 8 d | ste marguer. | 9 | 4 h 12 | 0 5 |
| 21 | lun | s victor | 10 | | 0 6 |
| 22 | mar | ste madelaine | 11 | | 0 6 |
| 23 | mer | s apolinaie | 12 | | 0 6 |
| 24 | jeu | ste christine | 13 | | 0 6 |
| 25 | ven | s jacques s cbr. | 14 | | 0 6 |
| 26 | sam | tr. s marcel | 15 | P. ⊕ L. | 0 6 |
| 27 | 9 d | s pantaléon | 16 | le 29 a | 0 6 |
| 28 | lun | ste anne | 17 | 10 h 29 | 0 6 |
| 29 | mar | ste marthe | 18 | | 0 6 |
| 30 | mer | s abdon | 19 | | 0 6 |
| 31 | jeu | s germ-l'aux. | 20 | | 0 6 |

# AOUT, la vierge. ♍

| Le soleil entre dans la vierge, le 22 à 17 h. 45 m | | ☽ de ☾ | Phas. de la lune. | Midi vrai. | |
|---|---|---|---|---|---|
| | | | | h | m |
| 1 | ven | s pierre ès l. | 21 | 0 | 5 |
| 2 | sam | e étienne | 22 | 0 | 5 |
| 3 | 10 d | inv. s étienne | 23 | 0 | 5 |
| 4 | lun | s dominique | 24 | 0 | 5 |
| 5 | mar | s yon | 25 | 0 | 5 |
| 6 | mer | transf. de n. s. | 26 | ☾ D. Q. le 2 a 3 h 48 | 0 | 5 |
| 7 | jeu | s gaétan | 27 | | 0 | 5 |
| 8 | ven | s justin | 28 | | 0 | 5 |
| 9 | sam | s romain | 29 | | 0 | 5 |
| 10 | 11 d | s laurent | 30 | | 0 | 5 |
| 11 | lun | susc. ste c. | 1 | ● N. L. le 10 a 4 h 52 | 0 | 4 |
| 12 | mar | ste claire | 2 | | 0 | 4 |
| 13 | mer | s hypolite | 3 | | 0 | 4 |
| 14 | jeu | s eusèbe | 4 | | 0 | 4 |
| 15 | ven | ASSOMPTION. | 5 | | 0 | 4 |
| 16 | sam | s roch | 6 | | 0 | 3 |
| 17 | 2 d | s mammes | 7 | | 0 | 3 |
| 18 | lun | ste hélène | 8 | ☽ P. Q. le 18 à 2 h 55 | 0 | 3 |
| 19 | mar | s louis év. | 9 | | 0 | 3 |
| 20 | mer | s bernard | 10 | | 0 | 3 |
| 21 | jeu | s privat | 11 | | 0 | 2 |
| 22 | ven | s symphorien | 12 | | 0 | 2 |
| 23 | sam | ste sidoine | 13 | | 0 | 2 |
| 24 | 12 d | s. barthelemy | 14 | | 0 | 2 |
| 25 | lun | s louis | 15 | ● P. L. le 25 a 5 h 37 | 0 | 1 |
| 26 | mar | s. zéphyrin | 16 | | 0 | 1 |
| 27 | mer | s césaire | 17 | | 0 | 1 |
| 28 | jeu | s augustin | 18 | | 0 | 0 |
| 29 | ven | déc de s j. | 19 | | 0 | 0 |
| 30 | sam | s fiacre | 20 | | 0 | 0 |
| 31 | 14 d | s ovide | 21 | | 0 | 0 |

# SEPTEMBRE, la balance. ♎

| Le soleil entre dans la balance, le 22 à 14 h. 29 minutes. | | ⬤ | Phas. de la lune. | Midi vrai. h m |
|---|---|---|---|---|
| 1 | lun | s leu | 22 | | 11 59 |
| 2 | mar | s lazare | 23 | | 11 59 |
| 3 | mer | s grégoire | 24 | ☾ | 11 59 |
| 4 | jeu | ste rosalie | 25 | D. Q. | 11 58 |
| 5 | ven | s bertin | 26 | | 11 58 |
| 6 | sam | s onésipe | 27 | le 1 a | 11 58 |
| 7 | 15 d | s cloud | 28 | 4 h 48 | 11 57 |
| 8 | lun | nativ. n. d. | 29 | | 11 57 |
| 9 | mar | s omer | 1 | | 11 57 |
| 10 | mer | s nicolas | 2 | ◉ | 11 56 |
| 11 | jeu | s patient | 3 | N. L. | 11 56 |
| 12 | ven | s raphael | 4 | le 9 a | 11 46 |
| 13 | sam | s maurille | 5 | 8 h 43 | 11 55 |
| 14 | 16 d | exalt. ste croix | 6 | | 11 55 |
| 15 | lun | s. nicemede. | 7 | | 11 55 |
| 16 | mar | ste ciprien | 8 | ☽ P. Q. | 11 54 |
| 17 | mer | s lambert 4 t. | 9 | le 16 à | 11 54 |
| 18 | jeu | s jean chr. | 10 | 11 h 36 | 11 54 |
| 19 | ven | s janvier | 11 | | 11 53 |
| 20 | sam | s eustache | 12 | | 11 53 |
| 21 | 17 d | s mathieu | 13 | ◎ P. L. | 11 52 |
| 22 | lun | s maurice | 14 | | 11 52 |
| 23 | mar | s thècle | 15 | le 23 a | 11 52 |
| 24 | mer | s andoche | 16 | 2 h 22. | 11 51 |
| 25 | jeu | s firmin | 17 | | 11 51 |
| 26 | ven | ste justine | 18 | | 11 51 |
| 27 | sam | s come s dam. | 19 | ☾ D. Q | 11 50 |
| 28 | 18 d | s céran | 20 | | 11 50 |
| 29 | lun | s michel | 21 | le 30 a | 11 50 |
| 30 | mar | s jérome | 22 | 9 h 16 | 11 49 |

# OCTOBRE, le scorpion. ♏

| Le soleil entre dans le scorpion, le 22 à 22 h. 42 minutes. | | | | Phas de la lune. | Mid vrai h m |
|---|---|---|---|---|---|
| 1 | mer | s remy | 23 | | 11 49 |
| 2 | jeu | ss anges gard | 24 | | 11 49 |
| 3 | ven | s denis aréop. | 25 | | 11 48 |
| 4 | sam | s francois das. | 26 | | 11 48 |
| 5 | 19 d | ste aure | 27 | ⊚ N. L. le 9 à 0 h 28 | 11 48 |
| 6 | lun | s bruno | 28 | | 11 48 |
| 7 | mar | ste serge | 29 | | 11 47 |
| 8 | mer | ste brigitte | 30 | | 11 47 |
| 9 | jeu | s denis | 1 | | 11 47 |
| 10 | ven | s géréon | 2 | | 11 46 |
| 11 | sam | s vilfriée | 3 | ☽ P. Q. le 16 à 6 h 56 | 11 46 |
| 12 | 20 d | s nicaise | 4 | | 11 46 |
| 13 | lun | s gérard | 5 | | 11 46 |
| 14 | mar | s caliste | 6 | | 11 46 |
| 15 | mer | ste thérèse | 7 | | 11 45 |
| 16 | jeu | s gal | 8 | | 11 45 |
| 17 | ven | s cerboney | 9 | ⊕ P. L. le 23 à 2 h 22 | 11 45 |
| 18 | sam | s luc év. | 10 | | 11 45 |
| 19 | 21 d | s savinien | 11 | | 11 45 |
| 20 | lun | s sandou | 12 | | 11 44 |
| 21 | mar | ste ursule | 13 | | 11 44 |
| 22 | mer | s melon | 14 | | 11 44 |
| 23 | jeu | s hilarion | 15 | | 11 44 |
| 24 | ven | s magloire | 16 | ☾ D. Q. le 30 à 4 h 43 | 11 44 |
| 25 | sam | s crép. s crép. | 17 | | 11 44 |
| 26 | 22 d | s rustique | 18 | | 11 44 |
| 27 | lun | s frumence | 19 | | 11 43 |
| 28 | lun | s sim. s jude | 20 | | 11 43 |
| 29 | mer | s faron | 21 | | 11 43 |
| 30 | jeu | s lucain | 22 | | 11 43 |
| 31 | ven | s quentin v.-j. | 23 | | 11 43 |

# NOVEMBRE, le sagittaire. ♐

| Le soleil entre dans le sagittaire, le 21 à 19 h 5 minutes. | | | Phas. de la lune. | Midi vrai. h m |
|---|---|---|---|---|
| 1 | sam | TOUSSAINT | 24 | 11 43 |
| 2 | 23 d | les morts | 25 | 11 43 |
| 3 | lun | s marcel | 26 | 11 43 |
| 4 | mar | CHARLES | 27 | N. L. 11 43 |
| 5 | mer | ste bertile | 28 | 11 43 |
| 6 | jeu | s léonard | 29 | le 7 a 11 43 |
| 7 | ven | s vilbrod | 30 | 3 h 13 11 43 |
| 8 | sam | stes reliques | 1 | 11 43 |
| 9 | 24 d | s mathurin | 2 | 11 44 |
| 10 | lun | s léon | 3 | 11 44 |
| 11 | mar | s martin | 4 | P. Q. 11 44 |
| 12 | mer | s réné | 5 | le 14 a 11 44 |
| 13 | jeu | s brice | 6 | 1 h. 58 11 44 |
| 14 | ven | s bertrand | 7 | 11 44 |
| 15 | sam | s eugène | 8 | 11 44 |
| 16 | 25 d | s edme | 9 | 11 45 |
| 17 | lun | s agnan | 10 | 11 45 |
| 18 | mar | ste aude | 11 | 11 45 |
| 19 | mer | ste élisab. | 12 | P. L. 11 45 |
| 20 | jeu | s edmond | 13 | 11 45 |
| 21 | ven | prés. de la v. | 14 | le 21 a 11 46 |
| 22 | sam | ste cécile | 15 | 2 h. 49 11 46 |
| 23 | 26 G | s clément | 16 | 11 46 |
| 24 | lun | s séverin | 17 | 11 46 |
| 25 | mar | ste catherine | 18 | 11 47 |
| 26 | mer | ste genev. ar | 19 | 11 47 |
| 27 | jeu | s miracle | 20 | D. Q. 11 47 |
| 28 | ven | s sosthème. | 21 | le 29 a 11 48 |
| 29 | sam | s saturnin | 22 | 1 h. 54 11 48 |
| 30 | 1 D | avent. s andré | 23 | 11 48 |

# DÉCEMBRE, le capricorne. ♑

| Le soleil entre dans le capricorne, le 21 à 7h. 31 minut. | | ☉ | Phas. de la lune. | Midi vrai. h. m. |
|---|---|---|---|---|
| 1 | lun | s eloi év. | 24 | | 11 49 |
| 2 | mar | s franc. xav. | 25 | | 11 49 |
| 3 | mer | s Mirocle | 26 | ● | 11 50 |
| 4 | jeu | ste barbe | 27 | | 11 50 |
| 5 | ven | s sabas | 28 | N. L | 11 50 |
| 6 | sam | s nicolas | 29 | le 7 a | 11 51 |
| 7 | 2 D | ste fare | 1 | 4 h 24 | 11 51 |
| 8 | lun | conception | 2 | | 11 52 |
| 9 | mar | ste gorgonie | 3 | | 11 53 |
| 10 | mer | ste valère | 4 | | 11 53 |
| 11 | jeu | s fuscien | 5 | | 11 53 |
| 12 | ven | s damas | 6 | ◗ P. Q. | 11 54 |
| 13 | sam | ste luce | 7 | le 13 a | 11 54 |
| 14 | 3 D | s nicoise | 8 | 9 h 48 | 11 55 |
| 15 | lun | s. mesmin | 9 | | 11 55 |
| 16 | mar | ste adélaide | 10 | | 11 56 |
| 17 | mer | s némèse | 11 | | 11 56 |
| 18 | jeu | s gatien | 12 | | 11 57 |
| 19 | ven | s meuris 4 t. | 13 | ○ | 11 57 |
| 20 | sam | ste paulile v. | 14 | P. L. | 11 58 |
| 21 | 4 D | s thomas | 15 | le 21 a | 11 58 |
| 22 | lun | s ichirion | 16 | 6 h 38 | 11 59 |
| 23 | mar | ste victoire | 17 | | 11 59 |
| 24 | mer | s ischiron vig. | 18 | | 0 0 |
| 25 | jeu | noel | 19 | | 0 0 |
| 26 | ven | s étienne | 20 | | 0 1 |
| 27 | s sm | s jean évang. | 21 | ◑ D. Q. | 0 1 |
| 28 | D | sts innoc. | 22 | le 29 a | 0 2 |
| 29 | lun | s thom. c. | 23 | 10 h 50 | 0 2 |
| 30 | mar | ste colombe | 24 | | 0 3 |
| 31 | Mar | s sylvestre | 25 | | 0 3 |

*Départs et arrivées des Coches.*
## Départs du Port Saint-Paul.

BRIARE, part de Paris le mardi, et arrive à sa destination le j.; repart de Briare le v. et arrive à Paris le dim.

MONTEREAU, part de Paris le jeud. et arrive à sa destination le même jour; repart de Montereau le lundi et arrive à Paris le même jour.

NOGENT, part de Paris le dim., et arrive à sa destination le lun.; repart de Nogent le mer., et arrive à Paris le jeudi.

## Départs du Port Saint-Bernard.

AUXERRE, partent de Paris le merc. et le sam., et arrivent à leur destination le dim. et le mer.; repartent d'Auxerre le lun. et le jeu., et arrivent à Paris le mer. et le sam.

SENS, part de Paris le lun., et arrive à sa destination le mar.; repart de Sens le j. et arrive à Paris le ven.

Nota. Les Coches partent de Paris, du 23 septembre au 22 mars à huit heures du matin. Du 22 mars au 22 septembre à 7 h. du matin.

Celui de Corbeil part. en tout tems, vendredi à dix heures du matin.

MELUN arrive le mardi.

# LA BARCAROLE.

Sur une onde tranquille,
Voguant soir et matin,
Ma nacelle est docile
Au souffle du destin ;
La voile s'enfle-t-elle,
J'abandonne le bord,            ( bis. )
Et vogue ma nacelle.
O doux zéphyr, sois-moi fidèle ;
Et vogue ma nacelle,
Nous trouverons un port,
Ah ! nous trouverons un port.

J'ai pris pour passagère
La Muse des chansons,
Et ma course légère
S'égaie à ses doux sons ;
Je folâtre avec elle,
Chantant sur chaque bord ,     ( bis. )
Et vogue, etc.

Lorsqu'an sein de l'orage
Cent foudres à la fois,
Ebranlant ce rivage,
Epouvantent les rois;
Le plaisir qui m'appelle
M'attend sur l'autre bord,      (*bis.*)
Et vogue, etc.


Loin de là le ciel change;
Un soleil éclatant
Vient mûrir la vendange
Que le buveur attend,
D'une liqueur nouvelle;
Restons-nous sur ce bord,      (*bi.*
Et vogue, etc.


Des rives bien connues
M'appellent à leur tour,
Les Grâces de Vénus
Y célèbrent l'amour.
Dieux! j'entends la plus belle
Soupirer sur le bord,      (*bis.*)
Et vogue, etc.

Mais loin du roc perfide
Qui produit le laurier,
Quel astre heureux me guide
Vers un humble foyer.
L'amitié renouvelle
Ma fête sur ce bord,                    ( *bis.* )
Et vogue, etc.

---

# LINVAL ET ZULMÉ.

Se promenant dans la verte prairie
Le beau Linval éloigné du hamea u
Trouve Zulmé sur l'herbe fleurie,
Qui reposait à l'ombre d'un ormeau,
Il s'approche doucement de sa belle,
Et l'éveilla d'un seul attouchement,
Finissez donc, finissez, lui dit-elle,
Finissez, ou j'appelle maman,
Finissez, finissez, ou j'apelle ma-
       man.

Le beau Linval, brûlant d'amour
extrême,
Dit à Zulmé, d'un air sombre et mé-
chant :
Si je t'éveille, eh bien, c'est que je
t'aime
Et qu'avec toi veux passer un mo-
ment.
Pardonne-moi cette faute légère,
Et sur le champ lui fit un compliment.
Taisez-vous donc, ou j'appelle ma
mère, etc.

Linval poursuit, et dit à la fillette :
Va, ne crains rien ; tu parais avoir
peur :
Je ne viens pas pour te conter fleu-
rette,
Mais bien plutôt pour te donner
mon cœur ;
Accepte pour bien me satisfaire,
Lui disait-il, la pressant dans ses
bras.
Lâchez-moi donc ou j'appelle ma
mère, etc.

C'est-il en vain de te chérir, ma
belle?
C'est-il en vain de t'aimer tant?
Hélas! pour moi ne sois pas si cruelle,
Un mot de toi peut me rendre
content.
Il la saisit d'une bonne manière,
Et dans ses bras la pressa fortement;
En soupirant, elle dit : téméraire,
Finissez donc, ou j'appelle ma-
man, etc.

Plus d'une fois elle fit résistance,
Pour se défendre, elle fit ses efforts;
Mais, de nouveau sur la belle s'é-
lance,
Fallut céder, il était le plus fort.
Quand il eut fait ce qu'il prétendait
faire,
Il se sauva, et lui dit en partant :
Belle, à présent je n'ai plus rien à
faire,
Tu peux bien appeler ta maman :
Tu peux bien, tu peux bien appeler
ta maman.

# M. CRÉDULE.

(Aux Variétés.)

Air : *Aussitôt que la Lumière.*

Hier soir à la chandelle
J'ai vu plusieurs Lumignons,
C'est le signe d'une nouvelle
Qu'à coup sûr nous recevrons.
Quand d'un coq la voix criarde
Retentissait dans les airs,
Et le matin par mégarde
J'ai mis un bas à l'envers.

EUGÈNE A M. CRÉDULE,

En parlant du froid en Russie.

Air : *Vaudeville de l'Avare.*

Il fait si froid que dans la rue,
On ne peut se parler l'hiver.

CRÉDULE.

Quel en est la raison connue ?

EUGÈNE.

Les paroles gèlent en l'air.        *bis.*

CRÉDULE.

Pour glacer les mots au passage
Il faut qu'il fasse un froid cruel :
Et lorsqu'arrive le dégel,
Ça doit faire un joli tapage.        *bis.*

UN DÉBUTANT pour le Mélo-
drame, s'exprime ainsi :

Air : *Femmes voluez-vous éprouver ?*

Mon père, fameux scélérat,
Très-connu dans la tragédie,
Par un meurtre, un assassinat,
Marquait chaque jour de sa vie.
A son exemple, à ses avis
Je ne pouvais être parjure ;
Je suis brigand, de père en fils,
Et j'en rends grâce à la nature. *bis.*

# PANARD,

## VAUDEVILLE.

Air : *Ton humeur est Catherine.*

Je crains que le vaudeville,
Sous le joug d'un exclusif,
Dans certain coin de la ville
Ne soit retenu captif :
Si l'enfant tarde à paraître,
On l'arrête quelque part ;
Crois que s'il était son maître
Il reviendrait à Favart.     *bis.*

## CLAIRE, *soupirant.*

Air : *Dans cette solitude* (de Riquet).

Au sein de la richesse,
J'comptais de vrais amis,
Faisant du bien sans cesse
J'en recueillais le prix :
Ceux qu'j'obligeais, ma chère,
Se souv'naient d'mes bienfaits.

### ANNE.

Hélas ! ma pauvre Claire,
On voit bien qu'tu rêvais.

### CLAIRE.

Quoiqu'femm' du haut parage,
J'n'avais aucune fierté,
Et mêm' de mon village
J'conservais la gaîté ;
L'homm' qui m'avait su plaire
Ne me trompait jamais.

### ANNÉ.

Hélas ! ma pauvre Claire,
On voit bien qu'tu rêvais.

Je suis jaloux, soupçonneux, exi-
    geant,
Capricieux, vif, emporté, colère,
Mais à ça près je suis un bon enfant.

Je n'entends pas qu'une femme
    me mène,
A mes désirs rien ne doit résister,
Le mariage est, dit-on, une chaîne,
Mais songes-y, je n'en veux par
    porter.

Je ne veux pas d'une femme in-
    discrète,
Je ne veux pas qu'on me fasse la loi,
Je ne veux pas d'une femme co-
    quette,
Enfin, je veux une femme pour moi.

CLAIRE.

Ah ! Monseigneur, d'effroi j'reste
    muette,
N'm'épousez pas, j'ose vous en prier,
Car s'il vous faut une femme par-
    faite,
Autant vaudrait ne pas vous marier.

# CLAIRE.

Air: *Il est certains barbons.*

Y a des maris barbons
Qui sont encore bien bons.
Ils ne sont ni brillans,
Ni vifs, ni sémillans :
On n'cit' pas leur tournure,
On n'parl' pas d'leur figure,
Mais ils ont je n'sais quoi
Qui vaut mieux, selon moi.

Un garçon jeune et frais,
Ne cherche pas à plaire ;
Un vieillard, au contraire,
Se met souvent en frais ;
Ce sont des p'tit's prév'nances
Des soins, des complaisances,
Des présens tous les jours,
Et d'aimables discours :
Oui, de ce vilain seigneur
La barb' ne m'fait pas peur.

Y a des maris barbons
Qui sont encore bien bons, etc.

---

# LA FILLE INTÉRESSÉEE.

AIR : *Ma foi, ma foi, je n'en puis plus.*

Non, je n'veux pas prendre un
    mari,            *bis.*
S'il n'a pas queuqu' chos' devant
    lui.             *bis.*
Peu m'importe qu'il soit volage,
Qu'il soit ivrogne, joueur ou faux,
Pourvu qu'il m'apporte en ménage
D'quoi m'faire oublier ses défauts.
J'passe aisément sur le caractère,
Son seul bien me ferait plaisir,
Je n' tiens qu'à ça, car sur la terre,
Quand on a queuqu' chose on peut
    jouir.
Non, etc.

A ma règl' s'y n'veut pas s' sou-
    mettre,
Tout comme un enfant j'fil'rai
    doux ;
Je n' résist'rai pas ; c'est mon maître,
J'veux toujours avoir le d'sous,
S'il est dur ainsi qu' j' l' dispose,
Lui céder je m' f'rai z'un devoir ;
Si j'vois qu'en l'air il y est queuqu'
    chose,
J' f'rai la paix, en me coochant le
    soir.
Non, etc.

Pierre épousa ma sœur Hortense,
Il s'est vanté d'avoir beaucoup ;
La p'tit' comptait sur quelque
    avance,
Tandis qu'il n'en n'a pas du tout.
Aussi d'puis que l'hymen l'enchaîne,
Pour satisfaire à ses besoins,
Elle est obligé' par semaine
D'emprunter queuqu' chose aux voi-
    sins.
Non, etc.

Pour éviter pareil' disgrâce,
Quand un épeuseur me viendra,
S'il a queuq' chose, faut qu'il me
    passe
Tout aussitôt dans le contrat.
Par de fauss's promesses abusée,
Plus d'un' fille a fait le serment ;
Mais moi, de peur d'être trompée ;
J'veux voir ses pièces auparavant.
Non, etc.

    J'n'exig' pas trop pourvu qui m'
    plaise,
J' prendrai tout c' qu'il voudra m'
    donner ;
Je n'veux pas qu'il soit trop à l'aise,
Je n'veux pas le voir trop gêner.
Ainsi d'son bonheur je s'rai cause,
S'il entre dans mon sentiment,
Nous finirons par faire queuqu'
    chose
En nous donnant un peu d'moure-
    ment.
Non, etc.

# L'AUTEUR

## INSPIRÉ PAR BACCHUS;

Air : Mon père était pot.

Mes amis, c'est le divin jus
Qui séconde ma veine ;
De la fontaine de Bacchus
Je fais mon Hippocrène.
Mon Pégaze , enfin,
Est un tonneau plein ,
Mon Pinde est une treille ;
Le meilleur Maçon
Est mon Apolon,
Ma lyre une bouteille.

IMPRIMERIE DE STHAL,
quai des Augustins , n° 9.

www.ingramcontent.com/pod-product-compliance
Lightning Source LLC
LaVergne TN
LVHW022206080426
835511LV00008B/1600